CALIGRAFIA
COM ORTOGRAFIA E GRAMÁTICA

MARCHA CRIANÇA

5º ANO

Maria Teresa Marsico

Professora graduada em Letras pela Universidade Federal do Rio de Janeiro (UFRJ) e em Pedagogia pela Sociedade Unificada de Ensino Superior Augusto Motta. Atuou por mais de trinta anos como professora de Educação Infantil e Ensino Fundamental das redes municipal e particular de ensino no município do Rio de Janeiro.

Armando Coelho de Carvalho Neto

Atua desde 1981 com alunos da rede oficial de ensino e professores das redes oficial e particular do Rio de Janeiro. Desenvolve pesquisas e estudos sobre metodologias e teorias modernas de aprendizado. É autor de obras didáticas para Ensino Fundamental e Educação Infantil desde 1993.

Agora você também consegue acessar o *site* exclusivo da **Coleção Marcha Criança** por meio deste QR code.

Basta fazer o *download* de um leitor QR code e posicionar a câmera de seu celular ou *tablet* como se fosse fotografar a imagem acima.

editora scipione

editora scipione

Diretoria editorial
Lidiane Vivaldini Olo

Gerência editorial
Luiz Tonolli

Editoria de Anos Iniciais
Tatiany Telles Renó

Edição
Miriam Mayumi Nakamura, Vanessa Batista Pinto e
Duda Albuquerque / DB Produções Editoriais (colaborador)

Gerência de produção editorial
Ricardo de Gan Braga

Arte
Andréa Dellamagna (coord. de criação),
Gláucia Correa Koller (progr. visual de capa e miolo),
Leandro Hiroshi Kanno (coord. de arte),
Fábio Cavalcante (editor de arte) e
Dito e Feito Comunicação (diagram.)

Revisão
Hélia de Jesus Gonsaga (ger.),
Rosângela Muricy (coord.),
Gabriela Macedo de Andrade,
Paula Teixeira de Jesus, Vanessa de Paula Santos,
Brenda Morais e Gabriela Miragaia (estagiárias)

Iconografia
Sílvio Kligin (superv.),
Denise Durand Kremer (coord.),
Jad Nidiane Pereira Silva (pesquisa),
Cesar Wolf e Fernanda Crevin (tratamento de imagem)

Ilustrações
ArtefatoZ (capa), Ilustra Cartoon (aberturas de unidade)
e Roberto Weigand (miolo)

Os textos sem referência são de autoria de Maria Teresa Marsico e Armando Coelho.

Direitos desta edição cedidos à Editora Scipione S.A.
Av. das Nações Unidas, 7221, 1º andar, Setor D
Pinheiros – São Paulo – SP – CEP 05425-902
Tel.: 4003-3061
www.scipione.com.br / atendimento@scipione.com.br

Dados Internacionais de Catalogação na Publicação (CIP)
(Câmara Brasileira do Livro, SP, Brasil)

Marsico, Maria Teresa
  Marcha criança : ensino fundamental I : caligrafia com ortografia e gramática / Maria Teresa Marsico, Armando Coelho de Carvalho Neto. – 2. ed. – São Paulo : Scipione, 2016.

  Obra em 5 v. para alunos do 1º ao 5º ano.
  Bibliografia.

  1. Caligrafia (Ensino fundamental) I. Carvalho Neto, Armando Coelho de. II. Título.

15-11255   CDD–372.634

Índice para catálogo sistemático:
1. Caligrafia : Ensino fundamental 372.634

2018
ISBN 978 85 262 9825 5 (AL)
ISBN 978 85 262 9826 2 (PR)
Cód. da obra CL 739183
CAE 565 587 (AL) / 565 588 (PR)
2ª edição
3ª impressão

Impressão e acabamento
Bercrom Gráfica e Editora

Apresentação

Querido aluno, querida aluna,

Preparamos este livro com muito carinho especialmente para você. Ele está repleto de situações e atividades motivadoras, que certamente vão despertar seu interesse e lhe proporcionar muitas descobertas. Esperamos que com ele você encontre satisfação no constante desafio de aprender!

Escrever corretamente e de modo legível é muito importante para que nossa comunicação seja eficiente. Por isso, criamos a coleção **Marcha Criança Caligrafia - com Ortografia e Gramática**. Nesta coleção, você encontra atividades importantes para dominar o traçado correto das letras e escrever com fluência.

Você também vai se divertir com jogos, adesivos e muito mais!

Bons estudos e um forte abraço,

Maria Teresa e Armando

Conheça seu livro

Veja a seguir como o seu livro está organizado.

Unidade

Seu livro está organizado em quatro Unidades. As aberturas são em páginas duplas. Em **O que vou estudar?**, você encontra um resumo do que vai aprender em cada Unidade.

Capítulo

Nos capítulos você encontra atividades diversificadas e desafiadoras.

Brincando e aprendendo

Esta seção encerra a Unidade. Nela, você retoma algum conteúdo da Unidade por meio de atividades lúdicas.

Sugestões para o aluno

Seleção de livros, CDs, *sites* e DVDs para complementar seus estudos e ampliar seus conhecimentos.

Materiais de apoio

Adesivos

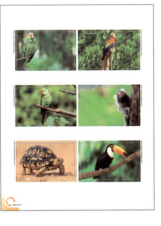

Ao final de todos os volumes você encontra adesivos para colar nas atividades do livro.

Pequeno escritor

Você vai recontar a história "Simbad, o marujo" no livreto **Pequeno escritor**, que acompanha o livro. Preste atenção nas imagens, tente se lembrar das versões da história que você conhece e mãos à obra:
- Complete os trechos do narrador.
- Complete os balões de fala.
- Atente-se para que sua história tenha coerência, ou seja, tenha sentido do começo ao fim.

Sumário

Unidade 1 8

Capítulo 1: Alfabeto e ordem alfabética 10

Capítulo 2: Letras k, w, y 16

Capítulo 3: Encontros vocálicos 18

Capítulo 4: Encontros consonantais 20

Capítulo 5: Dígrafos 22

Capítulo 6: -esa, -eza 24

Capítulo 7: s, z 26

Capítulo 8: traz, atrás, (para) trás 28

Capítulo 9: ce, ci; ça, ço, çu 30

Capítulo 10: Sílaba tônica 32

Capítulo 11: Acentuação 36

Capítulo 12: sc, sç, xc 40

Capítulo 13: Uso do dicionário 42

Brincando e aprendendo 46

Unidade 2 48

Capítulo 1: Substantivo e pronome pessoal 50

Capítulo 2: -oso, -osa 54

Capítulo 3: Preposição 56

Capítulo 4: Adjetivo 58

Capítulo 5: Gênero e número do adjetivo 60

Brincando e aprendendo 64

Unidade 3 66

Capítulo 1: Grau do adjetivo: superlativo 68

Capítulo 2: Numeral 72

Capítulo 3: Mau, mal 78

Capítulo 4: Pronome possessivo 80

Capítulo 5: Pronome demonstrativo 82

Capítulo 6: Letra r 84

Capítulo 7: Letra s 86

Capítulo 8: -ice, -isse 88

Capítulo 9: ch, x 90

Capítulo 10: Os sons da letra x 92

Brincando e aprendendo 96

Unidade 4 98

Capítulo 1: Verbo: tempos e modos 100

Capítulo 2: Verbos terminados em: -em, -êm, -eem 104

Capítulo 3: Verbos terminados em: -am, -ão 106

Capítulo 4: Mas, mais 108

Capítulo 5: Por que, porque, por quê, porquê 110

Capítulo 6: Advérbio 112

Capítulo 7: Se não, senão 114

Brincando e aprendendo 116

Sugestões para o aluno 118

Bibliografia 120

Capítulo 1 — Alfabeto e ordem alfabética

1 Leia o texto e copie-o nas pautas a seguir.

Para que escrevemos? Para mostrar o que pensamos e sentimos; para dar avisos; fazer contas; de tal forma que nossos pensamentos, sentimentos, informações e dados possam durar.

Aventura da escrita: história do desenho que virou letra, de Lia Zatz. São Paulo: Moderna, 2012.

2 Copie o alfabeto em letra maiúscula e minúscula.

A a	B b	C c	D d
E e	F f	G g	H h
I i	J j	K k	L l
M m	N n	O o	P p
Q q	R r	S s	T t	U u
V v	W w	X x	Y y	Z z

3 Escreva, nas pautas, o nome correspondente a cada definição. Veja o modelo. **Dica**: os nomes iniciam com a letra que aparece na primeira coluna.

a	Continente gelado do polo sul.	*Antártida*
b	Maior país da América do Sul.	
c	Órgão responsável por bombear sangue para o corpo todo.	
d	Extensões articuladas das mãos.	
e	Grande construção.	
f	Narrativa curta (imaginária ou não) que contém uma lição de moral no final.	
g	Fruto da Amazônia usado na fabricação de um refrigerante.	
h	Limpeza do corpo e do ambiente.	

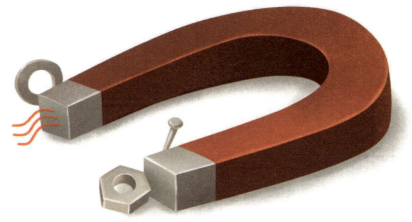

i	Objeto que atrai materiais metálicos.	
j	Brincadeira, passatempo.	
k	Molho vermelho geralmente colocado em lanches.	
l	Um dos estados da matéria.	
m	Ciência que estuda os números.	
n	Veículo espacial.	
o	O Atlântico e o Pacífico são…	
p	País em que se nasce, terra natal.	
q	Local de jogos esportivos.	

r	Uma das partes da planta.	
s	Personagem do folclore brasileiro.	
t	Tremor de terra.	
u	Sem outro igual, exclusivo.	
v	Cada linha do poema.	
w	Esporte aquático em que o praticante navega de pé sobre uma prancha com vela.	
x	Tradicional jogo de tabuleiro.	
y	Prato da culinária japonesa feito de macarrão com legumes.	
z	Macho da abelha.	

Fique por dentro!

As palavras que você escreveu estão em ordem alfabética.

Capítulo 1 – Alfabeto e ordem alfabética

4 Leia as palavras de cada quadro e copie-as em ordem alfabética, observando a primeira, a segunda e, quando necessário, até a terceira letra de cada palavra.

1ª letra	2ª letra	3ª letra
gente	capítulo	lâmpada
palavra	curioso	labirinto
astro	chocolate	lanterna

5 No trecho a seguir, leia uma curiosidade sobre a girafa.

Os **filhotes** de **girafa** caem de uma **altura** de quase 2 metros quando a mãe está de pé **durante** o nascimento.

Nossos animais. **Fundação Parque Zoológico de São Paulo**.
Disponível em: <www.zoologico.com.br/animais/mamiferos/girafa>. Acesso em: 14 jul. 2015.

- Agora, copie em ordem alfabética as palavras destacadas.

1.
2.
3.
4.

Capítulo 2

Letras k, w, y

1) Cubra o pontilhado de cada letra e copie-a ao lado.

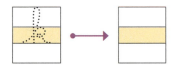  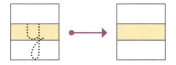

2) Escreva os nomes a seguir em ordem alfabética.

a) Laura, Kelly, Janete

c) Xavier, Tatiana, William

b) Úrsula, Yago, Vera

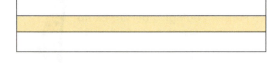

d) Walter, Yara, Karla

3 Você conhece outras palavras iniciadas pelas letras **k**, **w** e **y**? Escreva-as abaixo.

4 Leia as adivinhas e escreva as respostas na cruzadinha. **Dica**: as palavras têm **k**, **w** ou **y**.

1. Prato da culinária japonesa.
2. Vestuário típico, na altura do joelho, de estampa quadriculada usado por homens escoceses.
3. Fruto verde com a casca fina e marrom.
4. Arte marcial chinesa.
5. Automóvel pequeno de competição.
6. Esporte aquático praticado sobre uma prancha com vela.

Capítulo 3 — Encontros vocálicos

1 Leia o poema a seguir e observe as vogais destacadas.

A surpresa de ser

A florzinha
Crescendo
Subia
Subia
Direito
Pro céu
Como na história de
Joãozinho e o pé de feijão.
Joãozinho era eu
Na relva estendido
Atento ao mistério das
formigas que trabalhavam tanto...

Nariz de vidro, de Mário Quintana. São Paulo: Moderna, 2014.

> Quando duas ou mais vogais aparecem juntas na mesma palavra, elas formam um **encontro vocálico**.

Há três tipos de **encontros vocálicos**:

- **ditongo:** encontro de duas vogais na mesma sílaba. Por exemplo: bis-c**oi**-to.
- **hiato:** encontro de duas vogais em sílabas diferentes. Por exemplo: s**a**-**ú**-de.
- **tritongo:** encontro de três vogais na mesma sílaba. Por exemplo: U-ru-g**uai**.

2 Junte as sílabas de cada palavra e copie-as conforme o exemplo. Depois, pinte os quadrinhos de acordo com a legenda a seguir.

	ditongo		hiato		tritongo

Sílabas	Palavra	Cor
a-le-gri-a	alegria	(azul - hiato)
di-nhei-ro		
i-guais		
sa-ir		
sa-guão		
lá-bio		

Capítulo 4 — Encontros consonantais

1 Leia o texto a seguir.

Pessoas podem atrair raios?

Não. "Nem **mesmo** quem tem marca-passo, pino ou outras estruturas metálicas espalhadas pelo **corpo**, como dizem por aí", **afirma** Osmar Pinto Jr., pesquisador do **INPE** (Instituto Nacional de Pesquisas Espaciais). O que ocasiona a **atração** são as condições a que a pessoa se **expõe**. As chances de ser atingido por um raio variam conforme o cenário, mas em geral são baixas. Além disso, estima-se que os casos fatais sejam apenas entre 5 e 10% do total. O perigo é que a corrente elétrica do raio pode causar queimaduras, **problemas** neurológicos e afetar a coordenação motora do indivíduo.

Pessoas podem atrair raios?, de Gabriela Monteiro. **Mundo Estranho**, São Paulo: Abril, ed. 152, maio 2014. Disponível em: <http://mundoestranho.abril.com.br/materia/pessoas-podem-atrair-raios>. Acesso em: 16 jun. 2015.

> Quando duas ou mais consoantes aparecem juntas na mesma palavra, elas formam um **encontro consonantal**.
> No encontro consonantal, cada consoante representa um som.

- As palavras destacadas no texto apresentam encontros consonantais. Copie o que se pede.

    a) Palavras com encontro consonantal na mesma sílaba.

    b) Palavras com encontro consonantal em sílabas diferentes.

2 Forme palavras com encontro consonantal. No grupo **A**, acrescente **r**; no grupo **B**, acrescente **l**. Veja o modelo.

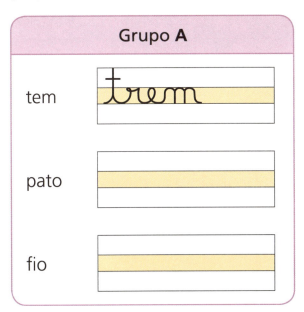

Grupo A		Grupo B	
tem	trem	for	flor
pato		ciente	
fio		pano	

Capítulo 5 — Dígrafos

1 Leia o texto a seguir.

Caminhões coletam seu lixo

Em muitos países, o caminhão de lixo passa uma vez por semana para recolher os resíduos. Os lixeiros recolhem o lixo e o colocam no caminhão, onde o lixo é esmagado para ocupar menos espaço. O caminhão cheio segue, então, para o aterro sanitário.

Reciclagem, de Jen Green. Tradução de Claudia Cabilio. São Paulo: DCL, 2008.

- Agora, copie do texto uma palavra com:

nh

lh

ss

ch

gu

rr

> Quando duas letras juntas representam um único som, formam um **dígrafo**.
>
> Na divisão silábica, as letras dos dígrafos podem ficar na mesma sílaba (**gu**ir-lan-da) ou em sílabas diferentes (na**s**-**c**i-men-to).

2 Leia o texto.

O que é coleta seletiva de lixo?

Coleta seletiva de lixo é um sistema de recolhimento de materiais recicláveis, tais como papéis, plásticos, vidros, metais e orgânicos, previamente separado na fonte geradora. Estes materiais, após passarem por separação por cor, tipo, tamanho e densidade, são então vendidos às indústrias recicladoras ou aos sucateiros.

Guia da coleta de lixo, de Cempre (Compromisso Empresarial para Reciclagem). São Paulo: Cempre, 2014.

○ Das palavras destacadas no texto, copie apenas as que têm dígrafo.

Capítulo 6 -esa, -eza

1 Veja a cena a seguir atentando-se ao balão de fala.

Agora, observe estas palavras:

delicadeza   japonesa

Vamos ver mais algumas informações sobre cada uma delas?

delicado (adjetivo) ⟶ delicad**eza** (substantivo)

japon**ês** (adjetivo pátrio masculino) ⟶ japon**esa** (adjetivo pátrio feminino)

> Os substantivos terminados em **-eza** indicam qualidade e são derivados de adjetivos.
>
> Alguns adjetivos pátrios terminam em **-ês** no masculino e em **-esa** no feminino.

2 Continue formando substantivos derivados dos adjetivos. Siga o modelo.

Adjetivo	Substantivo terminado em -eza
pobre	pobreza
triste	
rico	
puro	

3 Escreva o feminino ou o masculino dos adjetivos pátrios a seguir.

Masculino	Feminino
holandês	
	chinesa
francês	
	inglesa
português	

Capítulo 7 — S, Z

1 Leia a tirinha a seguir.

Turma da Mônica, de Maurício de Sousa. Disponível em: <http://turmadamonica.uol.com.br/>. Acesso em: 16 jul. 2015.

- Copie, do terceiro quadrinho, a palavra cujo **s** tenha som de **z**.

2 De cada quadro a seguir, copie apenas a palavra cujo **s** tenha som de **z**.

sacola	salto	progresso
meses	transporte	fantasia
conselho	frase	sucesso

A letra **s** entre vogais tem som de **z**.

3 Complete as frases com o aumentativo das palavras destacadas. Use a terminação **-zão**.

a) pão

Comprei um _____!

b) pé

Eu tenho um _____!

4 Complete as frases com o diminutivo das palavras destacadas. Use a terminação **-inho** ou **-zinho**.

a) blusa

Vestiu a _____ nova.

b) jornal

Leu o _____?

> Na formação do diminutivo, usa-se **-zinho** quando a palavra primitiva não tiver a letra **s**.

5 Complete a frase seguindo a orientação entre parênteses.

Meu _____ ama o _____.

(pai/aumentativo)   (cão/diminutivo)

Capítulo 8 — traz, atrás, (para) trás

1 Leia as frases abaixo.

| Quem <u>traz</u> você para a escola? | Ele ficou <u>atrás</u> de mim na fila. | Vamos para <u>trás</u> da linha amarela. |

- Copie as palavras sublinhadas acima.

A palavra **traz** é um verbo (trazer). As palavras **atrás** e (**para**) **trás** indicam lugar; elas são **advérbios**.

2 Copie as frases a seguir fazendo a substituição conforme a legenda.

a) Olhe para a frente!

b) O carro leva pessoas.

3 Complete as frases com **traz**, **atrás** ou **trás**.

a) Seu José _____ consigo belas lembranças da terra onde nasceu.

b) Dê um passo para _____, por favor! Fique com os outros colegas.

c) Tiago correu _____ de seu amigo, mas não o alcançou.

Capítulo 9 — ce, ci; ça, ço, çu

1 Leia o texto a seguir.

Remédios para todo tipo de coração

Um camelô passou **anunciando**:
"Amor é a melhor **solução**
para qualquer tipo de **coração**.
[...]
Para um coração que vive amargurado,
a **doçura** de um amor é o mais indicado!
Para um coração sem **esperança**, o amor
faz renascer e o transforma em **criança**!
[...]"

Na corda bamba, de Hardy Guedes Alcoforado Filho. São Paulo: Scipione, 2010.

o Copie as palavras destacadas nos lugares indicados.

ci		çu	
ça		ção	

2 Reescreva cada palavra na pauta ao lado.

| ce | acerola | |
| | cebola | |

| ci | cinema | |
| | saci | |

| ça | louça | |
| | taça | |

| ço | açougue | |
| | poço | |

| çu | açucareiro | |
| | caçula | |

O som do **s** também pode ser reproduzido pela letra **c** acompanhada das vogais **e**, **i** ou pelo **ç** (cê-cedilha) acompanhado das vogais **a**, **o**, **u**.

Capítulo 10 — Sílaba tônica

1 Leia o texto abaixo.

Tenho o direito de morar numa casa bem quentinha, mas não demais, longe da <mark>miséria</mark>, com tudo de que preciso, sem <mark>exageros</mark>.

Eu tenho o direito de ser tratado com os melhores <mark>remédios</mark> que os <mark>homens</mark> inventaram!

De <mark>correr</mark>, pular, subir, gritar à toa: "Viva! Como a minha saúde é boa!".

Eu tenho o direito de ser criança, de Alain Serres e Aurélia Fronty. Rio de Janeiro: Pequena Zahar, 2015.

> Toda palavra tem uma sílaba que é pronunciada com mais força do que as outras. Ela se chama **sílaba tônica**.

- Copie as palavras destacadas no texto separando as sílabas. Depois, sublinhe a sílaba mais forte de cada uma delas.

Quando a sílaba tônica for a **última** sílaba, a palavra será **oxítona**.
Quando a sílaba tônica for a **penúltima** sílaba, a palavra será **paroxítona**.
Quando a sílaba tônica for a **antepenúltima** sílaba, a palavra será **proparoxítona**.

2 Consulte os quadros a seguir para completar as informações.

| última: oxítona | penúltima: paroxítona | antepenúltima: proparoxítona |

A sílaba tônica do meu nome é a _____.

Meu nome é uma palavra _____.

o Agora, escreva o primeiro nome de um colega e complete a informação.

_____

A sílaba tônica do nome do meu colega é a _____.

O nome dele é uma palavra _____.

3 Leia o texto a seguir.

A luta pela **liberdade** dos negros brasileiros **jamais** cessou. Em 1971, um significativo **capítulo** de nossa **história** vinha à tona pela ação de homens e mulheres do Grupo Palmares. Lá do Rio Grande do Sul era revelada a data do assassinato de **Zumbi**, um dos ícones da **República** de **Palmares**. Passados sete anos, ativistas negros reunidos em congresso do Movimento Negro Unificado contra a Discriminação Racial cunharam o 20 de novembro como Dia da Consciência Negra. [...]

Orgulhosamente, exaltamos nossa origem **africana** e referendamos a unidade de luta pela liberdade de informação, manifestação religiosa e cultural. Buscamos maior **participação** e cidadania para os afro-brasileiros e nos associamos a outros grupos para dizer não ao racismo, à discriminação e ao **preconceito** racial. [...]

Matilde Ribeiro, ministra da Secretaria Especial de Políticas de Promoção da Igualdade Racial, falando sobre a criação do Dia da Consciência Negra. Disponível em: <www.planalto.gov.br/seppir/20_novembro/apres.htm>. Acesso em: 16 jul. 2015.

○ Continue completando o quadro. Na primeira coluna, copie as palavras destacadas do texto. Veja o modelo.

Palavra	Classificação
liberdade	*paroxítona*

Capítulo 11 — Acentuação

1 Leia as parlendas abaixo.

Quero que **você** me diga
Sete vezes encarrilhado,
Sem **errar** e sem **tomar** fôlego:
Vaca preta, boi pintado.

A casinha da **vovó**,
É amarrada com **cipó**.
O **café** tá demorando,
Com certeza não tem pó.

Parlendas da Charalina, de Nelson Albissú. São Paulo: Paulinas, 2010.

- Copie as palavras destacadas em cada texto.

> As palavras que você copiou do texto são **oxítonas**, ou seja, possuem a última sílaba tônica.
> Algumas palavras oxítonas são acentuadas e outras não.

2 Leia as informações e copie as palavras acentuando-as.

> São acentuadas as oxítonas terminadas em **a**, **as**, **e**, **es**, **o**, **os**.

fuba   jatobas   jacare

fregues   avo   apos

> São acentuadas as oxítonas terminadas em **em**, **ens**.

ninguem   parabens

> São acentuadas as oxítonas terminadas nos ditongos abertos **éis**, **éu**(s), **ói**(s).

papeis   heroi

fieis   chapeus

3 Leia as informações e copie as palavras acentuando-as.

São acentuadas as paroxítonas terminadas em **i**, **is**, **us**, **um**, **uns**.

vírus

júri

São acentuadas as paroxítonas terminadas em **ã**, **ãs**, **ão**, **ãos**.

órfãs

ímã

bênçãos

órgão

São acentuadas as paroxítonas terminadas em **l**, **n**, **r**, **x**, **ps**.

caráter

tórax

São acentuadas as paroxítonas terminadas em ditongo seguido ou não de **s**.

sério

ingênuos

> São acentuadas todas as proparoxítonas.

relampago

otimo

camara

magica

4 Copie as palavras acentuando-as. Depois, pinte os quadrinhos de acordo com a legenda.

proparoxítona   paroxítona   oxítona

umido

maracuja

movel

voces

albuns

eletronico

Capítulo 12 — SC, SÇ, XC

1 Observe o cartaz.

- Continue copiando as frases do cartaz.

Preserve o espaço público.

2 Copie as palavras substituindo o símbolo pelas letras indicadas.

- sc
- sç
- xc

e✦eção

na✦ente

de✦a

e✦epcional

flore✦a

e✦essivo

con✦iência

rena✦a

Capítulo 13 — Uso do dicionário

1 Veja, a seguir, a reprodução da capa de um dicionário.

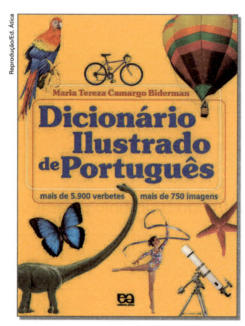

Dicionário ilustrado de português, de Maria Tereza Camargo Biderman. São Paulo: Ática, 2009.

○ Consulte as informações acima e responda ao que se pede.

a) O nome do dicionário.

b) O nome da autora.

2 Agora, veja com atenção esta página de dicionário.

Dicionário ilustrado de português, de Maria Tereza Camargo Biderman. São Paulo: Ática, 2009. p. 89.

Fique por dentro!

Para encontrar uma palavra no dicionário:
1) veja a letra inicial da palavra;
2) localize a página dessa letra;
3) observe a ordem alfabética das palavras na página até encontrar a palavra procurada.

○ Complete a informação:

A palavra dança está entre _____ e _____ .

3 Leia o verbete **dançar** retirado de outro dicionário.

> *dançar* **verbo** 1 movimentar o corpo [...]
> 2 executar os movimentos próprios de (determinada modalidade de dança) [...]
> 3 [...] balançar
>
> **Houaiss eletrônico**, de Instituto Antônio Houaiss. São Paulo: Objetiva, 2009.

a) Copie os significados 1 e 3 do verbete acima.

1 _____

3 _____

b) Agora, copie o significado 2 do verbete e faça um desenho que o represente.

_____

_____

_____

Capítulo 13 – Uso do dicionário

4 Responda às adivinhas com as palavras do quadro.

dança
dançante
dançarina
dançador
dançar
danceteria

Casa de dança, geralmente noturna.

Movimentos rítmicos ao som da música.

Aquele que dança.

Executar uma dança.

Mulher que dança por profissão.

Que dança ou em que há dança.

Brincando e aprendendo

1 Segundo a ONG WWF, o Brasil é um dos países com maior diversidade de animais silvestres do mundo, mas também é o país que mais exporta e contrabandeia animais.

No diagrama a seguir, há cinco nomes de animais que são vendidos para o exterior. Encontre-os.

P	W	D	S	W	Q	A	F	J	Ç
E	D	T	U	C	A	N	O	G	H
R	G	H	K	S	V	B	N	M	M
I	A	F	F	J	J	Q	T	G	A
Q	A	D	F	H	J	K	A	K	M
U	G	A	A	D	G	Ç	R	A	I
I	H	S	U	P	O	K	T	D	C
T	C	P	A	P	A	G	A	I	O
O	A	U	Z	Q	J	J	R	N	A
E	D	Y	A	W	E	U	U	A	D
D	Z	T	W	F	Q	W	G	A	H
C	B	R	E	R	M	A	A	S	O

2 Escreva a seguir o nome dos animais encontrados que contenha:

encontro vocálico →

dígrafo →

encontro consonantal →

3 Cole nos espaços abaixo os adesivos do final do livro e conheça alguns dos animais mais vendidos ilegalmente no Brasil e em outros países. Depois, escreva o nome deles nas pautas.

Cole aqui o adesivo.	Cole aqui o adesivo.
Cole aqui o adesivo.	Cole aqui o adesivo.
Cole aqui o adesivo.	Cole aqui o adesivo.

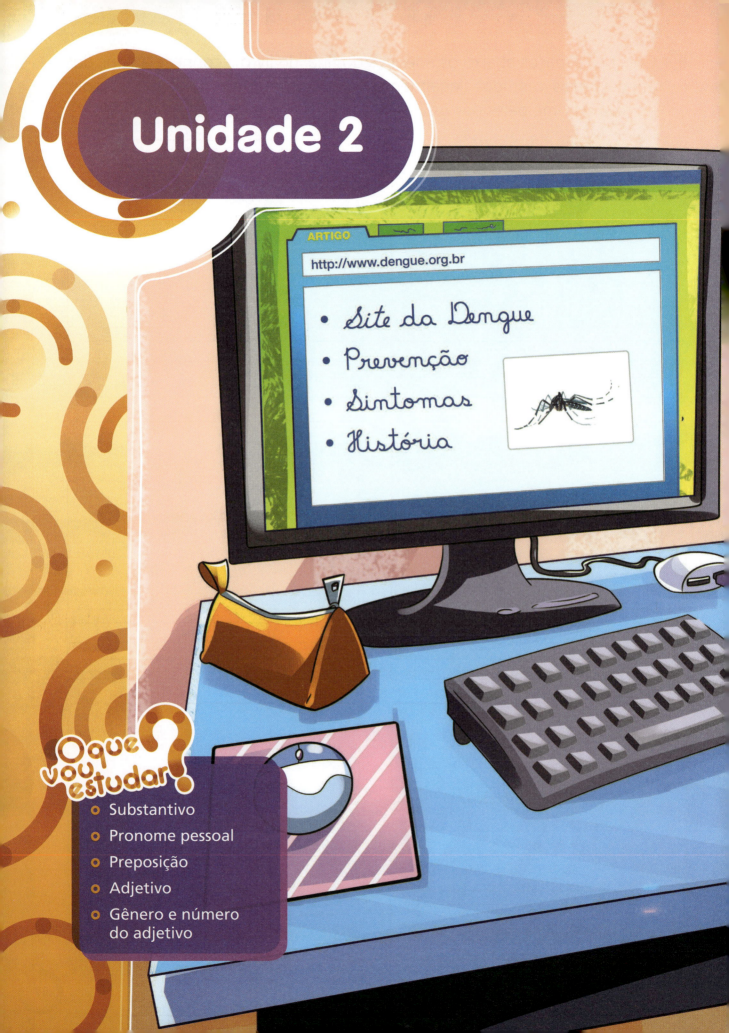

Capítulo 1: Substantivo e pronome pessoal

1 Leia o texto a seguir.

Carteiro

Ele sabe
que a esperança
é infinita
e cabe
num envelope.

Ele sabe
que a saudade
tem endereço
e mora no
seu caminho.

Profissonhos: um guia poético, de Leo Cunha. São Paulo: Planeta Infantil, 2013.

> **Substantivo** é a palavra que dá nome a pessoas, animais, objetos, lugares, sentimentos, etc.
> **Pronome pessoal** é a palavra que substitui o substantivo.

o Copie do texto o que é pedido.

a) Um pronome pessoal que substitui o substantivo **carteiro**.

b) Dois substantivos.

Observe o quadro dos **pronomes pessoais**.

	Pronomes pessoais	
	caso reto	caso oblíquo
1ª pessoa do singular	eu	me, mim, comigo
2ª pessoa do singular	tu	te, ti, contigo
3ª pessoa do singular	ele, ela	o, a, lhe, se, si, consigo
1ª pessoa do plural	nós	nos, conosco
2ª pessoa do plural	vós	vos, convosco
3ª pessoa do plural	eles, elas	os, as, lhes, se, si, consigo

2 Leia o texto abaixo.

O burro e o cachorro

Um burro que trabalhava na roça já estava velho e cansado. Ao perceber que seu dono ia dar-lhe um fim, ele fugiu.

Na estrada, encontrou um cachorro tristonho.

— O que há com você, cachorrinho?

— Ah, amigão! Fui expulso de casa.

— Quer vir comigo? — disse o burro. — Juntos nós podemos encontrar um bom lugar para morar.

Texto elaborado pelos autores.

- Copie do texto os pronomes pessoais.

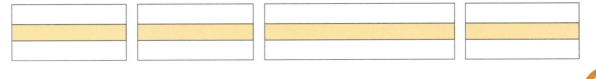

3 Copie a cantiga a seguir substituindo os símbolos por um substantivo ou por um pronome. Siga a legenda.

- ⭐ substantivo — anel vidro amor
- ⭐ pronome pessoal — tu me se

O ⭐ que ⭐ me deste
era ⭐ e se quebrou.
O ⭐ que tu ⭐ tinhas
era pouco e ⭐ acabou.

Cantiga popular.

4 Copie as frases.

Quer maçã? Vou cortá-la.

Querem ver o Beto? Procurem-no lá no pátio.

> Com verbos terminados em **r**, usamos **lo**, **la**, **los**, **las**. Por exemplo: **cortar** + **a** = cortá-**la**.
>
> Com verbos terminados em **m**, usamos **no**, **na**, **nos**, **nas**. Por exemplo: **procurem** + **o** = procurem-**no**.

5 Copie as frases a seguir substituindo por pronomes os artigos e os substantivos destacados.

a) Os meninos receberam os amigos em casa.

b) Vamos chamar Joana.

Capítulo 2 — -oso, -osa

1 Leia uma resenha do livro **O Mágico de Oz**.

Um ciclone arrasta Doroty e o cão Totó a uma terra desconhecida. A menina quer voltar para casa, mas só o Mágico de Oz poderá ajudá-la. Para encontrar esse homem **misterioso**, ela tem de percorrer um **penoso** caminho, ao lado dos amigos Espantalho, Leão Covarde e Homem de Lata. Nessa **perigosa** aventura, os cinco enfrentam bruxas malvadas e são ajudados por macacos alados, pelos Winkies e por uma bruxa **bondosa**. Uma fábula sobre amizade e solidariedade.

Resenha do livro **O Mágico de Oz**, de L. Frank Baum, presente no catálogo de literatura infantil e informativos 2009-2010, Editora Scipione. (Texto adaptado.)

- Circule as terminações **-oso** e **-osa** nos adjetivos destacados no texto.

Alguns substantivos dão origem a adjetivos terminados em **-oso**. Por exemplo: leite – leitoso; orgulho – orgulhoso.

2 Complete as frases com adjetivos originados dos substantivos.
Dica: os adjetivos terminam em **-oso**.

a) Quem age com dengo é _____.

b) Quem tem preguiça é _____.

c) Quem tem coragem é _____.

3 Copie os substantivos e os adjetivos abaixo nas respectivas colunas do quadro. Veja o modelo.

capricho   charmoso   caprichoso   charme

Substantivo	Adjetivo
bondade	bondoso

Capítulo 3

Preposição

1 Leia o diálogo a seguir.

- Pinte, nos balões de fala, as palavras do quadro.

para   com   de

As palavras que você pintou na atividade anterior são **preposições**.
Preposição é a palavra invariável que liga outras palavras.
As principais preposições são:

a	ante	após	até	com	contra
de	desde	em	entre	para	perante
por	sem	sob	sobre	trás	

2 Complete as frases com as preposições do quadro.

sem   com   em

a) Estou _____ muita pressa.

b) O carro ficou _____ freio.

c) Ficarei _____ casa hoje.

3 Leia o texto e circule as preposições.

Alguns patos mergulham para bicar plantas e larvas.

Alguns insetos aquáticos correm sobre as águas.

A aranha-de-água tece sua teia entre as plantas aquáticas.

Manual da roça do Chico Bento, de Mauricio de Sousa. São Paulo: Globo, 2001. (Texto adaptado.)

Capítulo 4 — Adjetivo

1 Observe a foto a seguir e leia a frase.

→ Leão selvagem e feroz.

> A palavra **leão** é **substantivo**. As palavras **selvagem** e **feroz** são **adjetivos**, pois atribuem características ao substantivo.

- Escreva o nome dos animais das fotos e um adjetivo do quadro que combine com eles. Veja o modelo.

| manhosa   brincalhão   ~~veloz~~ |

cavalo veloz

2 Leia o texto.

Em FERNANDO DE NORONHA
Há golfinhos e tainhas.
Céu azul o ano inteiro,
Praias mansas e rasinhas.
Lindo como esse lugar
É difícil de encontrar.
Férias boas são as minhas!

O Brasil no papel em poesia de cordel, de Fábio Sombra e Mauricio de Sousa. São Paulo: Melhoramentos, 2014. p. 11.

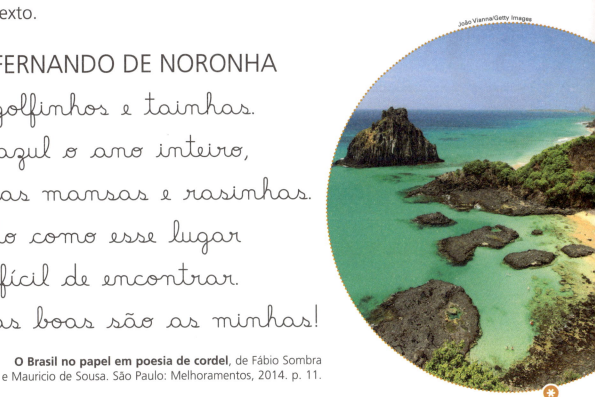

Baía dos Porcos, no arquipélago de Fernando de Noronha (PE), em 2014.

- Copie do texto os adjetivos que indicam as características destes substantivos.

Substantivo	Adjetivo
céu	
praias	
férias	

Capítulo 5 — Gênero e número do adjetivo

1 Leia o diálogo.

- Agora, veja as figuras e leia as respectivas frases.

Coelho sujo e encardido.

Coelhinhas novas e limpas.

> O adjetivo concorda com o substantivo em gênero (masculino ou feminino) e número (singular ou plural).

2 Continue copiando os adjetivos destacados, fazendo-os concordar com os substantivos.

casa **alta**

montanhas

prédio

montes

conversa **agradável**

clima

companhias

assuntos

chão **limpo**

pias

mesa

vasos

3 Leia as frases a seguir.

a) Pedro não é um bebê chorão.
b) Júlia e Silene são cantoras famosas.
c) Lino é um político honesto.
d) Cássia tem uma clientela numerosa.
e) Participamos de maratonas esportivas.
f) Cortinas rosadas alegram o ambiente.

o Agora, copie de cada frase os adjetivos e indique se estão na forma masculina ou feminina, singular ou plural. Veja o modelo.

| M | masculino | F | feminino | S | singular | P | plural |

chorão — m s

Capítulo 5 – Gênero e número do adjetivo

4 Leia o texto.

Os gases da atmosfera terrestre são incolores e por isso não vemos o ar. Mas é possível senti-lo ao respirar ou perceber uma rajada de vento.

No inverno, o ar que expiramos fica esbranquiçado.

Quando respiramos, soltamos ar quente e úmido, que entra em contato com o ar gelado e transforma-se em gotículas de água. Elas formam a fumacinha que sai da boca e vira vapor.

[...]

Revista **Recreio: desafio**. São Paulo: Abril, ano 10, n. 507, nov. 2009.

- Continue copiando os adjetivos do texto.

esbranquiçado

Brincando e aprendendo

1. Observe as cenas desta página e da página seguinte. Encontre seis diferenças entre elas e circule-as.

2) Agora, escolha um objeto da cena e escreva um adjetivo sobre ele. Veja o modelo.

colcha bonita

Grau do adjetivo: superlativo

1 Observe a cena e leia os balões de fala.

Para informar uma característica em grau muito elevado, usa-se o adjetivo no **grau superlativo**.

O grau superlativo pode ser:

- **absoluto analítico:** usa-se o adjetivo antecedido das palavras **muito**, **bastante**, **bem**. Por exemplo: Estou **muito** cansado.

- **absoluto sintético:** acrescentam-se ao adjetivo as terminações **-íssimo**, **-érrimo** ou **-ílimo**. Por exemplo: Estou **cansadíssimo**.

2 Continue copiando as frases modificando o adjetivo para o grau superlativo absoluto analítico e o grau superlativo absoluto sintético. Veja o modelo.

O prédio é alto.
O prédio é bem alto.
O prédio é altíssimo.

a) Rita é magra.

b) Esta tarefa é fácil.

c) O tigre é veloz.

3 Nas frases a seguir há adjetivos no grau superlativo absoluto analítico. Copie-as substituindo esses adjetivos pelos superlativos absolutos sintéticos do quadro.

> paupérrimo   felicíssimos
> dificílima   interessantíssima

a) Os garotos estão muito felizes.

b) Esta história é bem interessante.

c) Esta prova foi bastante difícil.

d) O menino é muito pobre.

4 Complete as frases com adjetivos no grau superlativo. Siga a legenda.

> ⭐ superlativo absoluto analítico
> ⭐ superlativo absoluto sintético

a) Ele é um jogador ágil. (⭐)

Ele é

b) Ela é uma mulher simpática. (⭐)

Ela é

c) Esse doce é amargo. (⭐)

Esse doce é

d) Que conversa agradável! (⭐)

Que conversa

e) Aquele menino é feliz. (⭐)

Aquele menino é

Capítulo 2 — Numeral

1 Leia o texto a seguir.

Você sabia?

No começo dos anos 1980, especialistas achavam que cerca de 900 mil pessoas pudessem comprar um telefone celular no ano de 2000, mas quase 420 milhões foram vendidos. Até o final de 2007, mais de 2,5 bilhões de pessoas em todo o mundo estavam usando telefones celulares.

Comunicação: ideias que mudaram o mundo, de Ian Graham. São Paulo: Ciranda Cultural, 2010. (Invenções).

- Copie do texto os numerais destacados.

2 Copie as centenas nos espaços ao lado.

100 — cem

200 — duzentos

300 — trezentos

400 — quatrocentos

500 — quinhentos

600 — seiscentos

700 — setecentos

800 — oitocentos

900 — novecentos

3 Copie os milhares.

1000 — mil

2000 — dois mil

3000 — três mil

4000 — quatro mil

5000 — cinco mil

6000 — seis mil

7000 — sete mil

8000 — oito mil

9000 — nove mil

10 000 — dez mil

4 Copie a frase do cartaz escrevendo o numeral por extenso.

5 Copie os numerais por extenso. Veja o modelo.

a) 4100 — quatro mil e cem

b) 1200 —

c) 3126 —

d) 2090 —

6 Leia o texto a seguir.

> Qual é o maior número em que você pode pensar?
>
> Mil? Um milhão? Um trilhão?
>
> Há números realmente muito grandes, como, por exemplo, o 1 seguido de 100 zeros. Alguns números grandes têm nomes esquisitos:
>
> milhão — 1 000 000
> bilhão — 1 000 000 000
> trilhão — 1 000 000 000 000
> quatrilhão — 1 000 000 000 000 000
> quintilhão — 1 000 000 000 000 000 000
> sextilhão — 1 seguido de 21 zeros
> setilhão — 1 seguido de 24 zeros
> octilhão — 1 seguido de 27 zeros
> nonilhão — 1 seguido de 30 zeros
> decilhão — 1 seguido de 33 zeros
> [...]

Números, de David L. Stienecker. São Paulo: Moderna, 1998. (Texto adaptado).

- Agora escreva o maior número em que você consegue pensar.

7 Some os numerais de cada prato da balança e verifique na caixa aquele que está faltando para deixá-la equilibrada. Depois, copie os numerais na segunda balança.

- Copie, em ordem crescente, os numerais que estão nos pratos. Lembre-se de escrever o que você incluiu na balança.

pares

ímpares

Capítulo 3 — Mau, mal

1 Leia as tirinhas abaixo.

Tira da Turma da Mônica, n. 7998, publicada no expediente da revista *Cascão*, n. 439. São Paulo: Globo.

Toda Mafalda, de Quino. São Paulo: Martins Fontes, 2003, p. 88.

- Nas tirinhas apresentadas, circule as palavras **mau** e **mal**. Depois, escreva essas palavras nas pautas a seguir.

Mau é um adjetivo. O contrário de **mau** é **bom**.
Mal é um advérbio. O contrário de **mal** é **bem**.

2 Copie a frase substituindo ⭐ e ⭐ conforme a legenda.

⭐ mau   ⭐ mal

O ódio é um sentimento ⭐ que faz muito ⭐ à saúde.

3 Copie a frase fazendo a substituição conforme a legenda.

mal → bem   mau → bom

Estou passando mal, por isso estou de mau humor.

4 Escreva uma frase usando as palavras **mau** e **bom**.

Capítulo 4 — Pronome possessivo

1 Leia o texto a seguir.

Minha terra tem palmeiras,
Onde canta o sabiá;
As aves, que aqui gorjeiam,
Não gorjeiam como lá.
[...]

Canção do exílio, de Gonçalves Dias. Domínio público.

- Releia o primeiro verso do poema e copie-o no espaço a seguir.

A palavra **minha** é um **pronome possessivo**.
O pronome possessivo dá a ideia de posse.

Agora, observe a tabela abaixo.

Pronomes possessivos				
1ª pessoa do singular: eu 1ª pessoa do plural: nós	meu nosso	minha nossa	meus nossos	minhas nossas
2ª pessoa do singular: tu 2ª pessoa do plural: vós	teu vosso	tua vossa	teus vossos	tuas vossas
3ª pessoa do singular: ele, ela 3ª pessoa do plural: eles, elas	seu seu	sua sua	seus seus	suas suas

2 Copie as frases substituindo ✪ por pronomes possessivos do quadro.

> seus   meu   nossos

a) Nós recebemos ajuda de ✪ amigos.

b) Você é pontual em ✪ deveres?

c) Este quadro é ✪.

Capítulo 5 — Pronome demonstrativo

 Leia a cantiga a seguir.

Se esta rua, se esta rua fosse minha,
Eu mandava, eu mandava ladrilhar,
Com pedrinhas, com pedrinhas de brilhante,
Para o meu, para o meu amor passar.
[...]

Cantiga popular.

- Copie o primeiro verso da cantiga.

A palavra **esta** é um **pronome demonstrativo**.
Os pronomes demonstrativos indicam a posição de um ser em relação à pessoa que fala e à pessoa com quem se fala.

Veja a tabela a seguir.

Pronomes demonstrativos	
Próximo da pessoa que fala:	**este**, **esta**, **estes**, **estas**, **isto**.
Próximo da pessoa com quem se fala:	**esse**, **essa**, **esses**, **essas**, **isso**.
Distante da pessoa que fala e da pessoa com quem se fala:	**aquele**, **aquela**, **aqueles**, **aquelas**, **aquilo**.

2 Complete as frases a seguir com os pronomes demonstrativos do quadro.

> esta   essa   aquela

_____ mochila é minha.

_____ mochila é da minha irmã.

_____ mochila é do meu primo.

Capítulo 6 — Letra r

Leia o texto a seguir.

Quem pega o trem e vai até o fim da linha encontra, na última estação, a cidade de Rio Raso.

[...] em Rio Raso ninguém tem pressa. Se bem que, em certa época, fatos estranhos aconteceram ali e a população perdeu toda a calma!

[...] todos os nomes das pessoas que vivem lá, e também os das ruas e das lojas, começam pela letra "erre".

Contam os historiadores que em 1557, no navio que trouxe Mem de Sá ao Brasil para ser o novo governador-geral, chegou à Bahia um fidalgo português de nome Remos. Tinha fugido de Portugal, pois o pai queria casá-lo com uma herdeira rica, mandona e feia chamada Urraca Urramos.

Não se sabe se isso é verdade ou não. [...]

As cidades, os erres e as rosquinhas de coco, de Rosana Rios. São Paulo: Studio Nobel, 2002.

- Distribua nos quadros as palavras destacadas no texto. Depois, pinte os quadrinhos de cada quadro de acordo com a legenda a seguir.

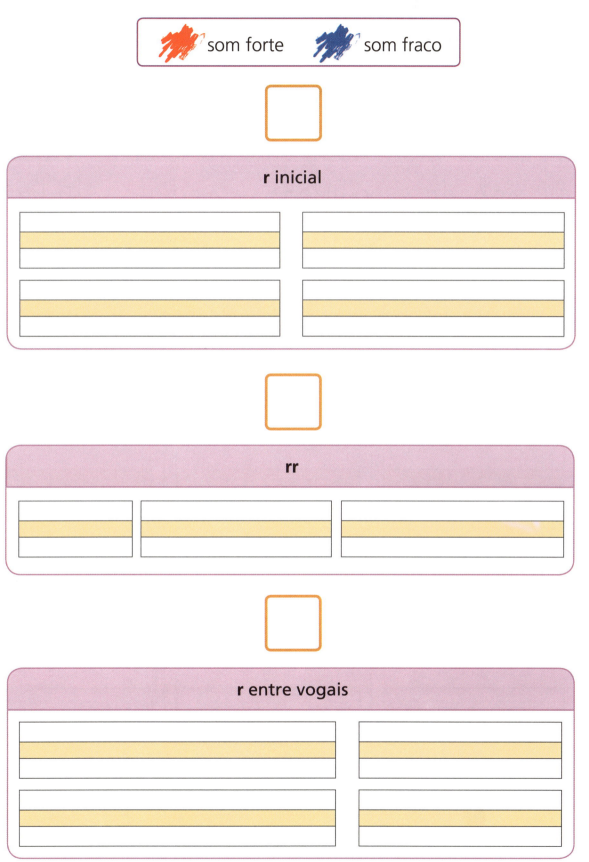

Capítulo 7 — Letra s

1 Leia as palavras do quadro. Depois, copie-as nos lugares indicados na tabela.

semana	cigarra	assunto	açúcar
sábado	celular	ônibus	listrado
passeio	excelente	preço	cresço

s inicial	ss (no meio da palavra)	s em final de sílaba

c (antes de e, i)	ç (antes de a, o, u)	sc, xc (antes de e, i) / sç (antes de a, o, u)

O som de **s** pode ser representado por diferentes letras.

2 Leia o poema a seguir.

Minha sombra

Minha **sombra**
Me **assombra**.

Eu dou um pulo
E ela para no ar.

Eu **subo** em árvore,
Ela **desce** escada.

Eu ando a cavalo,
Ela segue a pé.

Eu vou à **festa**!
Oba, vou **nessa**!

111 poemas para crianças, de Sérgio Capparelli. Porto Alegre: L&PM, 2003.

o Copie do poema as palavras destacadas. Nos quadrinhos, escreva a(s) letra(s) que representa(m) o som de **s**.

Capítulo 8 -ice, -isse

1 Leia o poema a seguir.

Chatice

Jacaré,
larga do meu pé,
deixa de ser chato!

Se você tem fome,
então vê se come
só o meu sapato,

e larga do meu pé,
e volta pro seu mato,
jacaré!

Olha o bicho, de José Paulo Paes. São Paulo: Ática, 2012.

- Copie do poema a palavra correspondente à definição abaixo.

Qualidade do que é chato: _____

2 Observe:

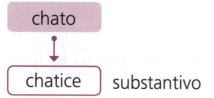 substantivo

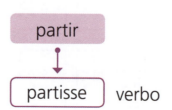 verbo

As palavras terminadas em **-ice** são substantivos; as palavras terminadas em **-isse** são verbos.

- Forme palavras terminadas em **-ice** ou **-isse** a partir das palavras abaixo.

criança

careta

pedir

sorrir

3 Complete as frases com as palavras do quadro.

fugisse   meiguice

a) Quanta _____ nesta criança!

b) Fechei a porta antes que o cão _____ .

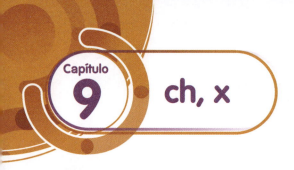

Capítulo 9 — ch, x

1 Copie as palavras substituindo ✪ por **ch** ou **x**. Siga as pistas do quadro.

> - Use **ch** depois de **l**, **r**, **n**.
> - Use **x** depois de **en** e de ditongo.

acol✪oado

en✪ugar

trin✪eira

con✪a

mar✪a

trou✪a

en✪ame

gan✪o

O **ch** e o **x** podem representar o mesmo som.

2 Escolha a palavra correta para completar cada frase.

| taxa | tacha |

Fui ao banco pagar a _____ de água.

Usei uma _____ para pendurar o quadro.

| xá | chá |

Costumo tomar uma xícara de _____ antes de dormir.

_____ é o título do antigo imperador da Pérsia, atual Irã.

Os sons da letra x

1 Leia o texto a seguir.

Quase numa fria

Rex e Diná estavam brigados, há dias sem se ver. À procura de uma desculpa para matar a saudade e fazer as pazes, Rex inventou de fazer um festival de sorvetes! Foi ao supermercado e voltou com a sacola cheia dos gelados que iriam fazer Diná se derreter!

Encontro marcado, o dinossauro observou que, no caminho para casa, os sorvetes é que derreteram, ficando quase líquidos! Com medo de decepcionar a convidada especial, não perdeu tempo: ativou o freezer para a temperatura mais baixa possível e foi tomar banho.

Horas depois, já todo emperiquitado e cansado de esperar, a campainha tocou. Era Diná. Os dinossauros se cumprimentaram e partiram para saborear os sorvetes! Tudo parecia estar no caminho certo, até que... Ops, probleminha à vista!

É que o freezer era mais potente do que Rex imaginara e, com tanto tempo ligado no máximo, acabou se tornando um gelo só! [...] O reencontro parecia ter entrado numa fria... Será?

Talvez, não fosse Diná ter a brilhante ideia de ligar para sua amiga, Samanta Sabida, que sacava tudo de Química. Do outro lado da linha veio a salvação: a menina tinha a fórmula para abaixar a temperatura de fusão do gelo, ou seja, derretê-lo mesmo no frio! Era só espalhar sal pela área congelada!

Dito e feito. Rex e Diná comprovaram a eficiência do método e se empapuçaram de sorvete até dizer chega!

Quase numa fria. **Ciência Hoje das Crianças**, 17 mar. 2010. Disponível em: <http://chc.cienciahoje.uol.com.br/quase-numa-fria/>. Acesso em: 21 jul. 2015.

o Escreva as informações pedidas de acordo com o texto.

Nome do dinossauro macho:

O *freezer* foi ativado na temperatura:

O *freezer* ficou muito tempo ligado no grau:

2 De acordo com o som do **x**, copie as palavras do quadro nas respectivas colunas.

Rex	baixa	máximo	axila
texto	exausto	enxaqueca	exercício
tórax	exemplo	experiência	caixinha

x com som de ch	x com som de z

x com som de cs	x com som de s ou ss

A letra **x** representa diferentes sons.

3 Que som o **x** representa em cada palavra? Indique pintando os quadrinhos de acordo com a legenda. Depois, copie as palavras nas pautas.

☐ exagero

☐ enxurrada

☐ trouxe

☐ enfaixar

☐ aproximar

☐ sexta

☐ fixo

☐ existir

☐ reflexão

☐ expectativa

Brincando e aprendendo

1 Observe os numerais e descubra por que estas palavras estão dentro deles.

○ Das palavras abaixo, copie as que poderiam entrar no numeral 4.

| televisor   revista   fotógrafo   jornal |

2 O time quer chegar até a bola pelo caminho que resulte na menor soma. Some os numerais de cada caminho e descubra qual é o caminho que o time vai usar.

Primeiro caminho	Segundo caminho	Terceiro caminho
200	50	300
50	500	20
+ 50	+ 50	+ 50
100	400	10

Total:

Unidade 4

O que vou estudar?
- Tempo verbal
- Modo verbal
- Advérbio

Capítulo 1 — Verbo: tempos e modos

1 Leia a cantiga.

Garibaldi

Garibaldi foi à missa
com o cavalo sem espora.
O cavalo tropeçou,
Garibaldi pulou fora.

Garibaldi foi à missa
com o cavalo sem espora.
O cavalo tropeçou,
Garibaldi lá ficou.

Cantiga popular.

a) Copie da cantiga os verbos destacados.

Fique por dentro!
Os verbos que você copiou do texto estão no tempo passado.

Os verbos variam para indicar o tempo. São três os tempos verbais básicos: **presente**, **passado** e **futuro**.

b) Escreva, no tempo presente, os verbos destacados na cantiga.

c) Agora, escreva-os no tempo futuro.

2 Leia as frases a seguir em voz alta.

— A professora contou uma história ontem.

— Eu queria que ela contasse outra história hoje.

— Professora, conte outra história!

Os verbos variam também para indicar o modo. São três os modos do verbo: **indicativo** (contou), **subjuntivo** (contasse) e **imperativo** (conte).

○ Agora, sublinhe, nas frases acima, os diferentes modos do verbo **contar**.

3 Leia as frases a seguir.

> — Maria chegará logo.
> — Se Maria chegasse agora, seria perfeito!
> — João, veja onde está Maria.

> — Pais, vocês já pensaram se seus filhos se tornassem escritores?
> — Pensem naquela proposta com cuidado.

- Copie os verbos das frases acima conforme a indicação do modo.

Modo indicativo

Modo subjuntivo

Modo imperativo

Capítulo 1 – Verbo: tempos e modos

4 Agora, leia uma receita de sorvete.

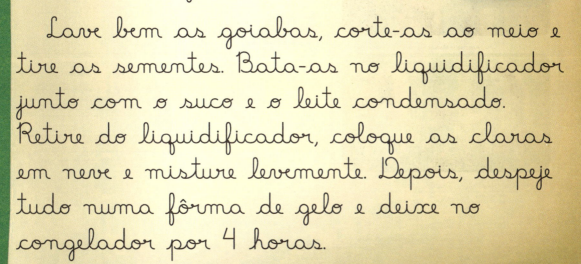

Sorvete de goiaba

Você vai precisar de:
1 lata de leite condensado
1 garrafa de suco de goiaba
4 goiabas grandes
2 claras em neve
Fôrma de gelo

Lave bem as goiabas, corte-as ao meio e tire as sementes. Bata-as no liquidificador junto com o suco e o leite condensado. Retire do liquidificador, coloque as claras em neve e misture levemente. Depois, despeje tudo numa fôrma de gelo e deixe no congelador por 4 horas.

Manual da roça do Chico Bento, de Mauricio de Sousa. São Paulo: Globo, 2009.

- Copie os verbos do modo de preparo da receita.

Capítulo 2 — Verbos terminados em: -em, -êm, -eem

1 Observe as imagens e leia a frase. Depois, reescreva-a no plural.

verbo ver

a)

Ela vê as flores.

verbo vir

b)

Ele vem de carro.

> Os verbos terminados em **-em** só são acentuados na 3ª pessoa do plural (ele **tem**/eles **têm**, ele **vem**/eles **vêm**). As formas verbais **creem**, **deem**, **leem**, **veem** não são acentuadas.

2 Complete as frases com o verbo no tempo e no modo indicados.

a) crer – presente do indicativo

Vocês _____ em bruxas?

b) ler – presente do indicativo

Eles sempre _____ jornal.

c) dar – imperativo afirmativo

Queridos, _____ lembranças a seus pais.

3 Copie as frases passando-as para o plural.

a) Todo país tem sua tradição.

b) O cidadão tem direitos e deveres.

Capítulo 3 — Verbos terminados em: -am, -ão

1. Veja a ilustração a seguir e leia o texto do balão de fala.

- Copie os verbos que aparecem no balão de fala.

No modo indicativo, os verbos na 3ª pessoa do plural (eles, elas) terminam em **-am** no tempo passado; são palavras paroxítonas (como em **viajaram**).

No tempo futuro, esses verbos terminam em **-ão** e são palavras oxítonas (como em **viajarão**).

2 Complete as colunas com os verbos do quadro abaixo.

> nadarão   falaram   partiram   trabalharão
> trabalharam   partirão   falarão   nadaram

Verbos no passado	Verbos no futuro

3 Complete as frases com a forma correta dos verbos indicados.

a) chegar

Eles _____ ontem.

b) surgir

No futuro, novas invenções _____.

Capítulo 4

Mas, mais

1 Leia a tirinha a seguir.

Toda Mafalda, de Quino. São Paulo: Martins Editora, 2010, p. 39.

a) Copie da tirinha a frase em que aparecem as palavras **mas** e **mais**. Depois, sublinhe essas palavras.

> A palavra **mais** indica aumento, intensidade, superioridade. É o oposto de **menos**.
>
> A palavra **mas** dá ideia de oposição, podendo ser substituída por **porém**, **contudo**, **todavia**, **entretanto**.

b) Agora, escreva uma frase usando **mas** ou **mais**.

2 Copie as frases nas pautas completando-as com **mas** ou **mais**. Depois, pinte os quadradinhos ao lado de acordo com a legenda.

- ideia de aumento
- ideia de oposição
- ideia de superioridade

☐ Fazer é .... útil do que se queixar.

☐ Quanto .... brinco, ... quero brincar.

☐ Quero ir, ... não posso.

☐ Ganhou muito, ... não economizou.

Capítulo 5 — Por que, porque, por quê, porquê

1 Veja a cena a seguir e leia os balões de fala.

- Agora, complete os quadrinhos com **por que** ou **porque**.

Usado em perguntas.	Usado em respostas.

Utiliza-se **por que** (separado) em frases interrogativas.
Nas respostas, usa-se **porque** (junto).

2 Complete as frases a seguir com **por que** ou **porque**.

a) — _____ venceu a corrida?

b) — Venci _____ treinei bastante.

3 Copie as frases a seguir observando o uso de **por quê** e **porquê**.

a) Ela não pode sair agora. Você sabe por quê?

b) Amanhã vou lhe explicar o porquê da minha alegria.

Utiliza-se **por quê** (separado e com acento) no final de frases.
Usa-se **porquê** (junto e com acento) quando for substantivo, sinônimo de causa, motivo. Normalmente é acompanhado de artigo.

Capítulo 6 — Advérbio

1 Leia a história em quadrinhos a seguir.

Turma da Mônica, de Mauricio de Sousa. Disponível em: <http://turmadamonica.uol.com.br/>. Acesso em: 19 out. 2015.

- Agora, complete as frases da história em quadrinhos.

a) Lavar .... as mãos.

b) Verificar .... a data de validade dos produtos.

As palavras que você escreveu são **advérbios**.

Advérbio é uma palavra invariável que modifica um verbo, um adjetivo ou outro advérbio, acrescentando a eles alguma circunstância de modo, tempo, lugar, intensidade, etc.

2 Copie as frases abaixo e sublinhe os advérbios.

a) Fale baixo!

b) Felipe chegou cedo.

3 Copie as frases abaixo substituindo os advérbios sublinhados pelos antônimos dos quadros.

mal   fora

a) Totó dorme <u>dentro</u> de casa.

b) Bia cantou <u>bem</u>.

Capítulo 7 — Se não, senão

1 Leia a cantiga.

O meu chapéu tem três pontas,
tem três pontas o meu chapéu,
se não tivesse três pontas,
não seria o meu chapéu.

Cantiga popular.

- Copie o terceiro e o quarto versos da cantiga.

2 Reescreva as frases a seguir atentando ao uso do **senão**.

a) Ele não faz outra coisa senão reclamar.

b) Levante, senão você vai se atrasar!

> **Se não** (separado) equivale a "caso não".
> **Senão** (junto) equivale a "caso contrário", "do contrário" ou "a não ser".

3 Complete as frases com **se não** ou **senão**.

a) O que faremos _____ chegarem logo?

b) Não grite, _____ o bebê vai acordar!

c) Resolva isso logo, _____ estaremos perdidos!

Brincando e aprendendo

Desafios

Qual é o dado errado?

1 Nos dados, a soma das bolinhas marcadas em lados opostos sempre dá sete. Portanto, um destes dados é falso. Circule-o.

Um clipe solto

2 Entre os clipes abaixo só um está solto. Descubra qual é.

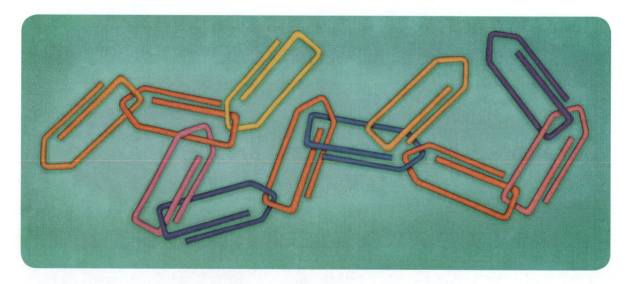

Traçando retas

3 Divida a figura em três partes iguais traçando duas retas.

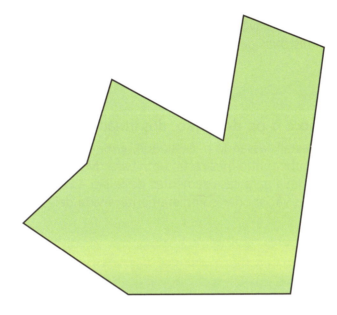

4 Nos enunciados das atividades 1, 2 e 3 há verbos no modo imperativo. Copie-os.

5 Tire dois palitos da figura de maneira que sobrem apenas dois quadrados.

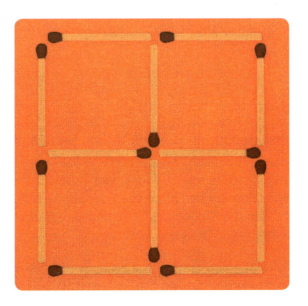

Sugestões para o aluno

Livros

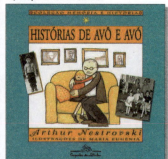
Reprodução/Ed. Cia. das Letrinhas

Histórias de avô e avó, de Arthur Nestrovski. São Paulo: Companhia das Letrinhas.

Neste livro, de cunho autobiográfico, o autor fala de sua família, formada por imigrantes russos de origem judaica. O destaque vai para os dois avôs, as duas avós e uma bisavó, todos adoráveis e cheios de histórias para contar.

Reprodução/ Ed. Scipione

João e o pé de feijão, dos Irmãos Grimm. São Paulo: Scipione.

Por estar passando necessidade, a mãe de João pede que ele venda o único bem que lhes resta: uma vaca. Mas, em vez de moedas de ouro, João leva para casa sementes de feijão. O que ele não sabe é que esses feijões vão mudar completamente a vida deles.

Reprodução/ Ed. Scipione

Memória e esquecimento, de Brigitte Labbé e P.-F. Dupont-Beurier. São Paulo: Scipione.

Cada manhã, ao acordarmos, não começamos do zero, não somos novinhos em folha como um bebê que acaba de nascer. Lembramo-nos de nosso nome, nossas brigas... O livro estimula o leitor a refletir sobre a importância de se preservar a memória, tanto no plano individual como no social.

Reprodução/Ed. FTD

Memórias de um elefante, de Corine Jamar. São Paulo: FTD.

Uma pequenina aranha faz um velho elefante espirrar e, assim, ele deixa escapar todas as suas memórias. O velho animal sai, então, disposto a recuperá-las. Mas o que será que ele encontrará pelo caminho?

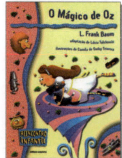
Reprodução/Ed. Scipione

O mágico de Oz, de L. Frank Baum. São Paulo: Scipione.

Um ciclone leva Dorothy e seu cachorro Totó para uma terra desconhecida. Tudo o que Dorothy quer é voltar para casa. Junto de seus novos amigos, Espantalho, Homem de Lata e Leão, a menina segue pela Estrada de Tijolos Amarelos, rumo à Cidade das Esmeraldas, para falar com o Mágico de Oz. No caminho, vivem muitas aventuras.

Sugestões para o aluno

CD

Os Saltimbancos, de Chico Buarque. Universal Music, 1977.

Este CD contém as canções do musical **Os Saltimbancos**, que foi inspirado no conto **Os músicos de Bremen**, dos irmãos Grimm.

DVD

Wall-E, de Andrew Stanton (Dir.), Disney-Pixar, 98 min.

O que fazemos com os produtos que não usamos mais? Para onde vai tanto lixo? Qual será o futuro do planeta em que vivemos? Esse filme apresenta a história de um robô numa galáxia muito distante, mas as questões que ele enfrenta em seu Universo têm várias semelhanças com as nossas.

Sites@

<www.manualdomundo.com.br/>

Diversas invenções científicas nascem a cada dia e mudam nossa vida para sempre. Neste *site*, você encontrará vários vídeos que explicam o mundo por meio de experimentos muito divertidos.

<www.akatumirim.org.br/>

De onde vem e para onde vai tudo o que consumimos? Você encontrará a resposta para essa e muitas outras perguntas no *site* do Akatu Mirim, além de vídeos, jogos e atividades muito interessantes para aprender tudo sobre a preservação do meio ambiente.

<http://todacriancapodeaprender.org.br/>

Este *site* chama a atenção para a capacidade de aprendizagem das crianças e como é importante que elas entrem em contato com informações relevantes.

@ *Sites* acessados em: 11 dez. 2015.

Bibliografia

AZEREDO, J. C. de. *Gramática Houaiss da língua portuguesa*. São Paulo: Publifolha, 2009.

BECHARA, E. *O que muda com o novo Acordo Ortográfico*. Rio de Janeiro: Nova Fronteira, 2008.

BERNABEU, Natália; GOLDSTEIN, Andy. *A brincadeira como ferramenta pedagógica*. São Paulo: Paulinas, 2012. (Pedagogia e Educação – série Ação Educativa).

CEGALLA, D. P. *Dicionário de dificuldades da língua portuguesa*. Rio de Janeiro: Lexikon, 2009.

CIPRO NETO, P. *O dia a dia da nossa língua*. São Paulo: Publifolha, 2002.

INSTITUTO ANTÔNIO HOUAISS; AZEREDO, José Carlos (Coord.). *Escrevendo pela nova ortografia:* como usar as regras do novo Acordo Ortográfico da Língua Portuguesa. São Paulo: Publifolha, 2013.

LUFT, Celso Pedro. *Novo guia ortográfico*. São Paulo: Globo, 2013.

MACHADO, J. R. M.; NUNES, M. V. da Silva. *Recriando a psicomotricidade*. Rio de Janeiro: Sprint, 2010.

MAN, J. *A história do alfabeto*. Tradução de Edith Zonenschain. Rio de Janeiro: Ediouro, 2002.

MORAIS, Artur Gomes. *Sistema de escrita alfabética*. São Paulo: Melhoramentos, 2012. (Como eu ensino).

NÓBREGA, Maria José. *Ortografia*. São Paulo: Melhoramentos, 2013. (Como eu ensino).

TRAVAGLIA, Luiz Carlos. *Na trilha da gramática:* conhecimento linguístico na alfabetização e letramento. São Paulo: Cortez, 2013.

Adesivos

SIMBAD, O MARUJO

Os contos de fadas antigamente eram transmitidos de forma oral, de geração para geração. Hoje, muitos deles já são encontrados em livros, revistas e até mesmo na internet. Você, por exemplo, talvez já tenha lido ou ouvido alguns desses contos.

Agora, imagine como seria legal se você pudesse escrever, com suas próprias palavras, um conto de fadas! Sim, isso mesmo! Aqui você terá a oportunidade de realizar essa fascinante tarefa.

Dê asas à sua imaginação e bom trabalho!

Este livro foi escrito por: ....
Escola: ....

editora scipione

Diretoria editorial
Lidiane Vivaldini Olo

Gerência editorial
Luiz Tonolli

Editoria de Anos Iniciais
Tatiany Telles Renó

Edição
Duda Albuquerque / DB Produções Editoriais (colaborador)

Gerência de produção editorial
Ricardo de Gan Braga

Arte
Andréa Dellamagna (coord. de criação),
Gláucia Correa Koller (progr. visual de capa e miolo),
Leandro Hiroshi Kanno (coord. de arte) e
Fábio Cavalcante (editor de arte)

Revisão
Hélia de Jesus Gonsaga (ger.),
Rosângela Muricy (coord.),
Gabriela Macedo de Andrade,
Paula Teixeira de Jesus,
Vanessa de Paula Santos,
Brenda Morais e Gabriela Miragaia (estagiárias)

Ilustrações de capa e miolo
Bruna Assis Brasil

Direitos desta edição cedidos à Editora Scipione S.A.
Av. das Nações Unidas, 7221, 3º andar, Setor D
Pinheiros – São Paulo – SP – CEP 05425-902
Tel.: 4003-3061
www.scipione.com.br / atendimento@scipione.com.br

2018
2ª edição
3ª impressão

Impressão e acabamento
Bercrom Gráfica e Editora

> Texto de Antoine Galland
> adaptado por Armando Coelho.

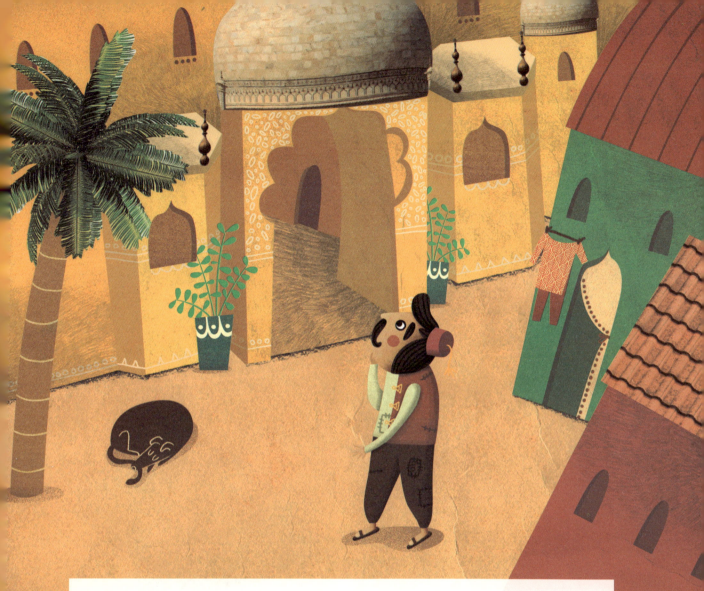

Certa tarde, na cidade de Bagdá, um homem maltrapilho caminhava pelas ruas estreitas da cidade. Após um árduo dia de trabalho como carregador, ele parou para descansar. Ao olhar para o lugar onde estava, deparou com uma luxuosa casa.

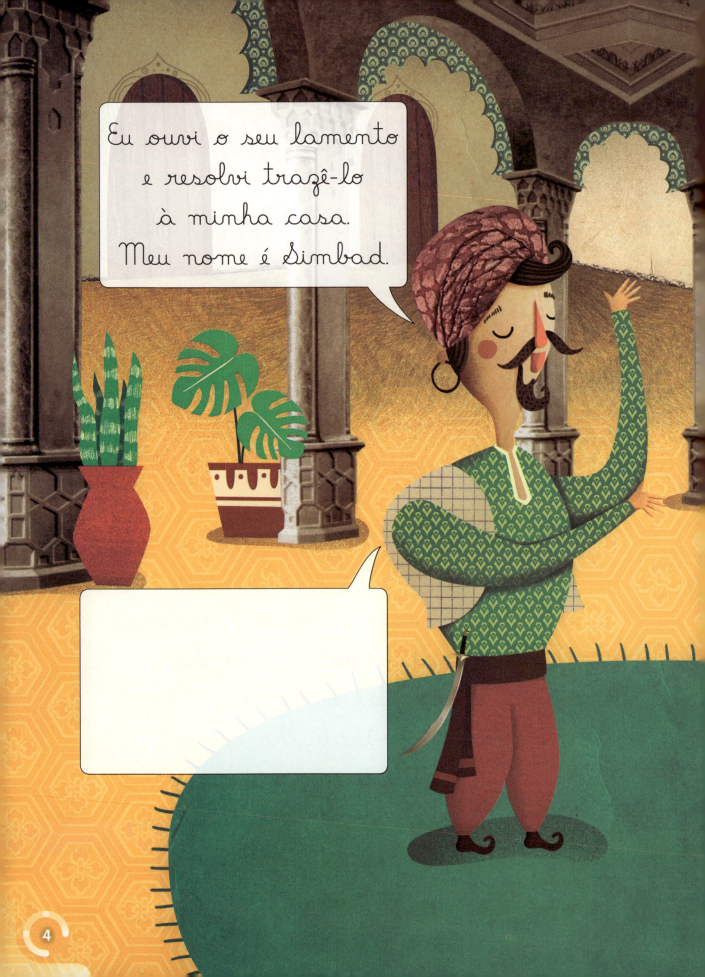

Quando terminou de contar a história de sua primeira viagem, Simbad ofereceu 100 moedas de ouro ao carregador e pediu a ele que retornasse no dia seguinte, para continuar contando sua história.

Esperou a ave levantar voo e recolheu todos os diamantes que ficaram no ninho.

Esses homens tomaram o barco e abandonaram seus tripulantes em outra ilha.

Furioso, o monstro perseguiu os tripulantes, mas, sem enxergar, não conseguiu pegá-los.

Simbad conseguiu escapar num bote e chegou a uma pequena ilha, onde foi escravizado por um velho homem do mar.

O rei do Ceilão encarregou Simbad de levar presentes para o Califa de Bagdá.

Simbad conversou com a esposa, e eles decidiram abandonar a cidade e partir na mais longa de suas viagens, que durou vinte e sete anos.

Fim